Cuerpo amado

Beloved Body

Pintura de portada/ Cover painting, "Cuerpo amado" ("Beloved Body"), inspirada por el poemario/ inspired by the poems, acrílico sobre papel/ acrylic on paper, 16 cm x 24 cm, colección privada/ private collection, © 2001 Ana María Pavela, Montreal.

Diseño y dirección de/ design and in-house editing by Joe Blades.
Impreso y hecho por/ Printed and bound by Sentinel Printing, Yarmouth, Nova Scotia, Canada.

Simultáneamente publicado en marzo de 2002 como libro electrónico/ Simultaneously published as BJP eBook 37, ISBN 1-896647-82-0 (PDF), con distribución/ with distribution via http://www.PublishingOnline.com

Agradecimientos/ Acknowledgements:
Varios de estos poemas y sus traducciones aparecieron en / Several of these poems and translations were previously published in: *Celebración de la Creación Literaria de Escritoras Hispanas de las Américas.* Vallejo, C. y Rojas-Trempe, L., eds. (Ottawa: Girol and Montreal: La Enana Blanca, 2000);*Cancionero 1997—Selección consultada de Poesía* (Madrid: Asociación Prometeo de Poesía, Cuadernos de Poesía II, 1997);*Six Poems from Cuerpo amado (Beloved Body)* (Fredericton: Publicaciones la Candela, 1998);*a little something...14* (Fredericton: Broken Jaw Press, 2002).

El editor agradece el apoyo del Consejo de Artes de Canadá (sección de becas y programas de traducción) y de la Secretaría de Cultura y Deportes de Nuevo Brunswick-División de Desarrollo de las Artes. / The Publisher gratefully acknowledges the support of the Canada Council for the Arts (Block Grant and Translation programmes) and the New Brunswick Culture and Sports Secretariat—Arts Development Branch.

Broken Jaw Press
Box 596 Stn A   www.brokenjaw.com
Fredericton NB E3B 5A6   jblades@nbnet.nb.ca
Canada   tel / fax 506 454-5127

National Library of Canada Cataloguing in Publication Data
Rio, Nela
        Cuerpo amado = Beloved body

Poems.
Text in Spanish with parallel English translations.
ISBN 1-896647-81-2

        I. Hazelton, Hugh, 1946- II. Title. III. Title: Beloved body.

PS8585.I458C84 2002   C861   C2002-901028-4
PR9199.3.R523C84 2002

Cuerpo amado
Beloved Body

Nela Rio

traducción de/translated by
Hugh Hazelton

Fredericton • Canadá

Cuerpo amado

Una aventura todavía mayor: tener un cuerpo nuevo
de Dr. Gladys Ilarregui   12

~ ~ ~

Aguardando tu presencia   20

Instantes de amor   22
Ahora era antes   24
La respuesta   26
El abrazo   28
La tarde mojando la noche   30
Despertar   32
Ahuecando las manos   34
Manzanas calientes   36
Haz de campanadas   38
Tendida como brisa   40
Sabor robusto   42
Abriendo territorios   44
La vida como una ciudad   46
Los vientos húmedos del sur   48
Musgos lentos   50
La hora intacta   52
Mañanas con puertos   54
Rayos de luna como arpa   56
Yo, nosotros   58

Instantes de dolor   60
Anticipación   62
Como paloma   64
Solos, ella y él   66
Días marchitos   68
En las caricias   70
La gota de ceniza   72

Beloved Body

A Greater Adventure: Having a New Body
    by Dr. Gladys Ilarregui   13

~~~

Awaiting Your Presence   21

Moments of Love   25
Now Was Before   25
The Answer   27
The Embrace   29
Afternoon Dampens the Night   31
Awakening   33
Cupping Their Hands   35
Warm Apples   37
Sheaf of Bells   39
Stretching Forward Like the Breeze   41
Vigorous Taste   43
Opening Territories   45
Life Like a City   47
Humid Winds of the South   49
Slow Mosses   51
The Hour Intact   53
Mornings with Ports   55
Rays of Moonlight Like a Harp   57
I, We   59

Moments of Pain   61
Anticipation   63
Like a Dove   65
Alone, She and He   67
Wilted Days   69
In Caresses   71
A Drop of Ash   73

El cuerpo amado   74
El desafío   76
El cuarto de hospital   78
Soles de papel   80
No la dejaba estar triste   82
Amapolas   84
Luz paralizada   86
Otros días con sonrisas   88
La piel que desviste   90
Pulido ámbar   92
El rumor del cristal   94
La infatigable realidad   96
Ella se habita   98

Epílogo   100
Camino a la vida   102
La vida tiene alas   104

~ ~ ~

Sobre la autora   107
Sobre el traductor   110
Sobre la artista   111

Beloved Body   75
The Challenge   77
The Hospital Room   79
Paper Suns   81
He Did Not Let Her Be Sad   83
Poppies   85
Paralyzed Light   87
Other Days with Smiles   89
The Skin That Undresses   91
Polished Amber   93
The Murmur of the Glass   95
Untiring Reality   97
She Inhabits Herself   99

Epilogue   101
I Walk Toward Life   103
Life Has Wings   105

~~~

About the Author   109
About the Translator   110
About the Artist   111

Para María Germania y todas las otras que me enriquecieron
dándome parte de su historia.

For María Germania and all the others who have enriched my life
by giving me part of their stories.

Una aventura todavía mayor:
tener un cuerpo nuevo

Si, como dice Saramago, la mayor felicidad de un escritor, un poeta, consiste en encontrar "su propia voz", es en *Cuerpo amado* en que la voz de Nela Rio adquiere nuevas sensibilidades y hace del poemario uno de los más importantes de su producción. No sólo porque esa tensión entre lo efímero y lo profundo se mantiene desde la primera a la última página, sino porque el mismo cuerpo como centro, eje, imán, parte de sí mismo para crear una metáfora de la asimetría y para reflejarse bajo nuevas miradas. Se trata precisamente de esas miradas. La reflexión sobre el cuerpo de la mujer es una constante en la rica trayectoria poética y narrativa de Nela Rio y la vemos expresada en diferentes dimensiones: el cuerpo erótico en *Aquella luz, la que estremece*; el cuerpo violado *En las noches que desvisten otras noches*; el cuerpo envejecido en "Carlota, todavía"; el cuerpo torturado en *Túnel de proa verde*; el cuerpo de la memoria en "Stella"; el cuerpo abusado en "El jardín de las glicinas".

Cuerpo amado es un poemario tanto original como valiente, al situar la mirada bajo una perspectiva histórica: el reconocimiento del cáncer de pecho y el trabajo sobre el dolor y la transformación física que esa enfermedad propone. Pero en lugar de realizarlo desde un lugar común con el vocabulario terapéutico, religioso, o mundano, Nela Rio no pierde por un momento el hilo de la seducción que escapa siempre al tratamiento convencional de un tema de nuestros tiempos. Al hacer que el lenguaje rompa con sus acuerdos más obvios, la mujer que aparece en el curso del amor, la enfermedad y el reencuentro, ejerce un magnetismo especial: el de ser ella misma, abriéndose a la expectativa y al miedo, la fuerza inmediata de la mano que acaricia, y el dolor de un espejo.

La estructura del poemario permite ingresar a las diferentes etapas en las que el cuerpo abraza y se duele, se enferma, se mutila, renace. Desde el esplendor del encuentro amoroso hasta la tragedia del anuncio (aparente derrota), los lectores se encuentran absorbidos. Los cuerpos de este poemario son maduros, no están en la celebración de la juventud sino en la de la experiencia, registrada en afectos y

A Greater Adventure: Having a New Body

If, as José Saramago has said, a writer or poet's greatest happiness lies in finding his or her "own voice", it is in *Cuerpo amado/Beloved Body* that the voice of Nela Rio takes on new sensibilities, making this collection of poems one of the most important in her work. Throughout the book there is a constant tension between the fleeting and the profound: the body itself is the centre, the axis, and the magnet of the poems, reaching out to create a metaphor for asymmetry as seen through new eyes. And it is precisely these new ways of seeing that are essential to the poems. In the rich poetic and narrative trajectory of the work of Nela Rio there is a continual reflection upon the body of woman. This reflection is examined in multiple aspects: it is the erotic body in *Aquella luz, la que estremece*; the raped body in *En las noches que desvisten otras noches*; the aging body in "Carlota, todavía"; the tortured body in *Túnel de proa verde/Tunnel of the Green Prow*; the remembered body in "Stella"; and the abused body in "El jardín de las glicinas".

Cuerpo amado is an original, courageous work that frames the reader's gaze within an historical perspective: the recognition of breast cancer and the struggle in facing the pain and physical transformation involved in the illness. Instead of working with the clichéd lexicons of therapy, religion, or journalism, however, Nela Rio never loses the appealing thread of language that shuns conventional treatment of such contemporary themes. By forcing language to break through its most obvious forms, the female protagonist who lives through the love affair, the subsequent illness, and the reunion with her lover exercises a special magnetism: that of being herself, of opening herself to expectation and fear, to the force and immediacy of the hand that caresses, and to the pain of the mirror.

The structure of the book enables the reader to enter the different stages in which the body embraces, hurts, sickens, and is mutilated and reborn. From the splendour of the lovers' first encounter to the tragedy and seeming defeat of the onset of the illness, the reader is constantly absorbed. The lovers' bodies are mature: the poems

aventuras interiores. En 'La tarde mojando la noche' dice: "se conocieron esa noche que duraba/exactamente como la vida". En 'Ahuecando las manos' el deseo erótico es un fruto — "y saborearon las sílabas como jugos" — , o es un "puñado de besos con pie de gaviota" que deja huellas transparentes en la playa en 'Tendida como la brisa'. En 'La vida como una ciudad', el vértigo y el deseo se iluminan, hasta que finalmente, en 'Rayos de luna como harpa', los protagonistas "Dichosos dibujaban planetas/ en la oscuridad del cuarto". La primera parte del poemario culmina con un título que nos devuelve la nueva identidad de la mujer enamorada: 'Yo, nosotros'.

A este instante de lucidez sexual, le sucede el presagio del dolor, el anuncio de la enfermedad. Nos situamos ahora plenamente en el cuerpo amado que recorre los miedos, las inseguridades provocadas no solamente por una enfermedad importante, grave, sino porque esta enfermedad tiene el poder de desdibujar la imagen de esa mujer y recortarla. No creo que otro miedo pueda ser tan profundo como el de perder una parte del cuerpo. Al ingresar estas páginas me recorrieron fotografías que he visto relacionadas con pérdida de ojos, brazos, piernas y pechos — partes acariciadas, que florecieron igual que flores, frutas, que crecieron desde la larva como las mariposas —. Ahora esas partes deshabitan el yo y como las ruinas de una ciudad provocan desolación y desorientación, y sin duda reclaman otra nueva persona. La mujer de *Cuerpo amado* encuentra que: "el mundo ha dejado de ser redondo/ se ha convertido en una ventana", ventana de 'El cuarto de hospital'. Y él, su amado, para no verla desaparecer en el dolor "Le cuenta noches que parecen historias" y la ayuda a caminar "por la ciudad que hicieron" en 'Soles de papel'. En este momento, precisamente éste, el poemario maneja un vocabulario que recuerda a las cosas que se recuerdan en los hospitales: bordes, luz, ropa secándose al sol y sobre todo, perfume.

En ese microcosmos la historia de esta mujer se repliega y confunde, al regresar a la casa sin uno de sus pechos siente que se parece a un espejo, no comprende la rutina que ha dejado atrás. En todo este periplo hay una persona sensible que debe enfrentarse con "esa otra mujer", y que necesita no solamente aceptarse sino confrontar una sociedad viciada de imágenes falsas: los cuerpos perfectos, la vida perfecta. Es justamente en ese enfrentamiento consigo misma, en la aseveración de saber quién se es y en su eventual rescate, que se

celebrate experience, affection and inner adventures, rather than youth. The poem "Afternoon Dampens the Night" frames the lovers' relationship by observing, "They met that night, which lasted/ exactly a lifetime." In "Cupping Their Hands," erotic desire is a fruit through which "they savoured the syllables like juices"; in "Stretching Forward Like the Breeze", desire becomes a "handful of kisses with seagull's feet" that "leave transparent tracks in the sand." In the poem "Life Like a City", vertigo and desire illuminate one another, until finally, in "Rays of Moonlight Like a Harp", "Happily they drew planets/ in the darkness of the room." The first part of the book ends with the title of a poem that presents us with the new identity of the woman in love: "I, We".

It is precisely at this instant of sexual lucidity that we encounter the omen of pain, the portent of illness, and find ourselves situated within the beloved body as it journeys through fear and uncertainty. Not only is the body traversing a major illness; it is also faced with a sickness that, unlike others, has the power to blur and cut away the image of the woman herself. No fear is probably as deep as that of losing a part of one's body. As I entered these pages, images came to me of photographs I had seen of people who had lost eyes, arms, legs, and breasts — parts of their bodies they had once caressed, that had bloomed like flowers and fruits and had emerged like butterflies from cocoons. The loss of these parts of the body resulted in the abandonment of the self; like the ruins of a city, they inspire desolation and disorientation, and certainly demand that a new person deal with them. The woman in *Cuerpo amado/Beloved Body* finds that "The world has ceased to be round,/ it has changed into a window", the window of "The Hospital Room." In order to keep her from disappearing into her pain, her lover "tells her of nights that seem like stories/ and helps her walk through the city they made" ("Paper Suns"). It is precisely at this moment that the poems turn to a vocabulary that brings to mind the things that one remembers and misses when in the hospital: edges, light, clothes drying in the sun, and — above all — perfume.

Within this microcosm the woman's story withdraws into itself and then overwhelms us. When she returns home with one of her breasts missing she feels that she is like a mirror; she does not understand the routine that she has now left behind. All through her

reconocen los personajes femeninos de los poemarios y narraciones de Nela Rio, quienes nunca se ven como víctimas sino que tienen el poder de renacerse.

Los últimos dos poemas del Epílogo logran rotundamente cerrar este recorrido doloroso con un retorno de la mujer en el sentido más íntimo, más subjetivo y profundo de la palabra. La mano que toca el pecho ausente (el pecho que se quiere como a un huérfano) en 'Camino a la vida' , es una mano que toca también una persona, un nombre.

Quiero quedarme especialmente en el último poema de Nela Rio: 'La vida tiene alas', con la imagen de ese vestido que se quita la nueva mujer/ la mujer anterior, con el deseo de volver a conectarse con su sexualidad. Es preciso quedarse allí en la ventana por donde pasa el amado antes de que caiga ese vestido, y un poco después, cuando la piel se llena de luz.

Este poemario de Nela Rio no es autobiográfico sino que forma parte de un círculo de experiencias de la autora con mujeres de todos los frentes y de todas las ideologías. Es innegable que este trabajo abre un diálogo con el cuerpo herido, identificándonos a todas con lo que somos: una ansiedad, un miedo, una presencia, una mano que acaricia, alguien que ama y necesita ser amado.

— Dr. Gladys Ilarregui
  Fundación Cultural Iberoamericana /Ibero-American Cultural
  Foundation
  University of Delaware

journey her sensitive self has had to confront "that other woman," the one that needs not only to accept herself but to face a society vitiated by false images of perfect bodies and perfect lives. It is precisely in confronting herself, in asserting her knowledge of who she is, and in affirming her will to recover that we recognize the female characters of other books of poems and short stories by Nela Rio — women who never see themselves as victims and who have the power to be born anew.

The last two poems, those of the Epilogue, succeed in bringing an end to the woman's painful journey by describing her complete *return*, in the deepest and most intimate and subjective sense of the word. The hand that touches her absent breast (the breast that loves its orphaned self) in "I Walk Toward Life" is a hand that also touches a person and a name.

I would like to end with a particular image from the last poem in the collection, "Life Has Wings": the image of the dress that the new/former woman takes off in her desire to reconnect with her sexuality. There the reader comes to rest, watching through the window as the lover steps toward her just before the dress falls to the floor and the woman's skin is filled with light.

Rather than being autobiographical, this collection of poems by Nela Rio forms part of a circle of experience that the author has had with women from all fronts and ideologies. It unquestionably opens a dialogue with the wounded body, identifying all women with what we are: an anxiety, a fear, a presence, a hand that caresses — someone who loves and who needs to be loved.

— Dr. Gladys Ilarregui
   Fundación Cultural Iberoamericana / Ibero-American Cultural
   Foundation
   University of Delaware

Cuerpo amado
Beloved Body

Aguardando tu presencia

Mientras aguardo tu presencia
el mundo parece desnudo.
Rumores en el pecho
ansiedad de agua cristalina
recuerdo de tus manos.
Besos que recorren
el exacto borde de mi oreja
entreabren mis labios
saltan como secretos en mi vientre.
Te aguardo recordando tu piel
bajo las imposibles tardes del verano.
Hoy te espero sin saber.
Ignoro la superficie de este día.
Te espero en la hondura de los otros
desplegando las horas como historia...
      Pasa una estela,
      tiempo compartido.
El recuerdo deviene único y múltiple.

Awaiting Your Presence

As I await your presence
the world seems naked.
Murmurs in the chest
a longing like crystalline water
remembrance of your hands.
Kisses that travel along
the exact edge of my ear
gently opening my lips
leap like secrets in my womb.
I await you remembering your skin
beneath impossible summer afternoons.
Today I wait for you without knowing.
I do not know how wide this day will be.
I wait for you in the depth of others
unfolding the hours like a story...
        We leave a wake
        of shared time.
Remembrance becomes one, yet multiple.

...desplegando las horas como historia...

Instantes de amor

...unfolding the hours like a story...

Moments of Love

Ahora era antes

Cuando la vida ya era un punto fijo
lo conoció.
Ella se había mirado los años
y se supo un paisaje ya maduro.
Resistía los filos de una esperanza
que irrumpían
la modesta mudez de la quietud.
El temor a la alegría
hacía cosquillas,
imitando tierra y luz enardecidas.
La boca próxima
llena de palabras y de besos
la compañía palpablemente ávida
trastornaron la incertidumbre.
Se dejó de ver invisible
estremecida en la mirada del amante.
Era nueva la risa en su boca apagada,
viva la presencia olvidando memorias.
Luego, en las horas que vendrían,
él también le diría
que había sentido la existencia
como ajena.
Sonreían cuando contaban sus años
y sumaban juntos más de cien.

Ardientemente se lanzaron al vértigo
estrechando la vida como una cintura.

Now Was Before

She met him
when life was already a fixed point.
She regarded her years
and found the landscape in season.
She resisted the blades of hope
that burst through
the mute, modest stillness.
The tear of happiness
tickled against her,
imitating inflamed earth and light.
The mouth close to hers
full of words and kisses
the palpably eager companionship
shattered uncertainty.
She stopped seeing herself invisible,
trembling in the lover's look.
The laughter in her quiet voice was new,
a lively presence forgetting memories.
Then, in times to come,
he also would tell her
that he had felt an outsider
to existence.
They would smile when they added up their years
and came to over a hundred.

Passionately they jumped into the vortex
their arms embracing life.

La respuesta

La anticipación era acaso
la respuesta
al creciente deseo de elegir su propia vida.
Ella se alejaba de atavismos casi crueles
y recobraba para sí
un cuerpo no elusivo,
sensual, opulento de perfume de magnolias.
Un secreto sudor en la palma de las manos
labios refrescados por la lengua.
Absorbía la brisa queriendo retenerla
albergarla en una canción que murmura.
El mundo olía a siesta, a noche infatigable,
a pasión sin bordes, insistente.
Había entrado en ese instante
del espejo enriquecido
que reclama imágenes,
horas,
todo el mundo en que él habita.
Se adentraba en la vida ancha
anticipando, confidente, su única respuesta.

Había un aire que ungía con empeño
su palabra pronta más inmensa que la espera.

The Answer

Anticipation was perhaps
the answer
to the growing desire to choose her own life.
She withdrew from atavisms that were almost cruel
and recovered, for herself,
a body not elusive,
but sensual, opulent with the perfume of magnolias.
A secret sweat on the palms of her hands
lips refreshed by her tongue.
She absorbed the breeze, wishing to retain it
shelter it in a whispering song.
The world smelled of siesta, of tireless night,
of limitless, insistent passion.
She had entered that instant
of deepened mirror
that demanded images,
hours,
everything he inhabited.
She journeyed further into the breadth of life
confidently anticipating her only reply.

There was a wind that avidly anointed
her swift words vaster than waiting.

El abrazo

El había llegado de lunas rotas,
casi sin nombre.
Grave de desilusión
había puesto llave a la esperanza
y no sabía qué hacer
con este nuevo brillo convocado en la piel.
A ella, en su edad madura,
le nacían ramas para ofrecer primaveras,
tentativas flores y perfumes.
No sabían cómo sería desvestir las emociones,
no conocían el interminable sucederse
de latidos
de un pecho contra el otro.
Entró el aire derramándose en la quietud
como un río de agua fresca
empujándolos suavemente
hasta hacerlos olas.

Absorbieron con ardor el fluir
y lentamente hicieron del azul una playa.

The Embrace

He had come from broken moons,
almost without a name.
Grave in disillusion
he had locked up hope
and didn't know what do to
with this new radiance called forth upon the skin.
Fresh branches, tentative flowers and perfumes
sprouted from her in maturity
offering spring.
They did not know how it would be
to undress emotions,
they weren't yet aware
of the interminable succession
of throbbings
of one chest against the other.
The air entered spilling into stillness
like a river of cool water
softly pushing them along
till they became waves.

Eagerly they absorbed the flow
and slowly made a beach from the blue.

La tarde mojando la noche

Más tarde, cuando la tarde mojaba la noche,
ella lo miró desenvolviendo un río
de preguntas
y no pudo decir nada.
No había encontrado todavía la palabra.
Abrió la boca y la sintió vacante.
Miró a su alrededor y percibió
la ineficacia de palabras repetidas
para nombrar inexploradas emociones.
Dejó llegar hasta los labios
el rumor de helechos sacudidos
humores impacientemente íntimos,
temblor de amanecer en la garganta.
Inventó un lenguaje
sorprendido y sorprendente,
sintió la boca llena de un *te amo*,
trayendo al tú que puebla los desiertos,
que hace de los días cotidianos
una sonrisa con esplendor que nunca acaba.

Se conocieron en esa noche que duraba
exactamente como la vida.

Afternoon Dampens the Night

Later, when the afternoon dampened the night,
she watched him as she unrolled
a river of questions
and couldn't say anything.
She hadn't yet found the words.
She opened her mouth and felt its emptiness,
looked around her and realized
how inefficient were repeated words
for naming unexplored emotions.
She let the rustle of shaken ferns
and impatient intimate moistness
come to her lips
as the dawn trembled in her throat.
She invented a language that was
surprised and surprising,
felt her mouth fill with an *I love you*,
bringing the *you* that peoples deserts
and turns commonplace days
into a smile of endless splendour.

They met that night, which lasted
exactly a lifetime.

Despertar

Las horas acumuladas formaron la mañana
y amaneció cuando ella abrió los ojos.
El jugó con los sonidos despertados
y bebió, todavía en la noche fugitiva,
piel, cántico, pubis y marfiles,
al fondo de olas matinales.
En el borde repetido del gemido
ella contemplaba su rostro
y la estremecía
la precipitación de vida
recorriendo, firmemente cediendo.
Estrecharon el abrazo tan delgadamente
que lo transformaron en trópico.

La luz gozaba con generosidad de prismas
la pasión que tenía manos sin fronteras.

Awakening

The hours gathered into morning
and it was dawn when she opened her eyes.
He played with the awakening sounds
among the depths of morning waves
drinking in
skin, canticle, pubis and ivory
from the fugitive night.
On the repeated edge of moaning
she contemplated his face
and was shaken
by the haste of life
as it ran forward, firmly yielding.
They held each other
as tightly as Tropics.

Generous with its prisms, the light
took pleasure in the passion of borderless hands.

Ahuecando las manos

Y fue de pronto cualquier otro día
y tuvieron hambre.
Ahuecaron las manos para guardar semillas
y mordieron la carne tierna sin herirla.
Con bocas entreabiertas
desnudaron el corazón de los frutos
nombrándolos uno a uno
y saborearon las sílabas como jugos
e inventaron una larga lista de sabores.
Se convirtieron en arroyos
y se dejaron llevar por las orillas.

Construyeron una cúpula con nidos de pájaros
y dejaron que atardeciera en las espumas.

Cupping Their Hands

And suddenly it was any other day
and they were hungry.
They cupped their hands to hold the seeds
and bit into the soft flesh without wounding it.
With open mouths
they stripped the hearts of the fruits
naming them one by one,
and savoured the syllables like juices,
inventing a long list of tastes.
They changed into streams
and let themselves be swept down the banks.

They built a dome where birds nested
and let night fall upon the foam.

Manzanas calientes

Muchas veces
el sol les habitó el cuerpo
como una manzana caliente.
El campo se abría en alas redondas
y recostaba la luz de los pájaros
en el revuelo de las telas.
Se hundían en las noches
rozando la luna hecha casi de cristal
contando sólo el pulsar de los labios.
Aspiraban los días que los veían juntos
y sostenían una realidad sin filos.
Muchas veces despuntaba el alba
sobre el perfil de su nalga
reflejada en la ventana.

Se amaron jóvenes en sus años viejos,
y se revelaron el goce de las curvas.

Warm Apples

Often
the sun inhabited their bodies
like a warm apple.
Fields opened in round wings
and rested the light of birds
on the fluttering cloth.
They sank into the night
brushing against the almost crystal moon
counting nothing but the pulsing of their lips.
They breathed the days spent together
sustaining an edgeless reality.
Often the day would break
on the profile of her hip
reflected in the window.

They loved each other young in their older years,
enjoying the revelation of their curves.

Haz de campanadas

Vieron la luz formar cuerpos en el agua
y los llamaron peces.
Nadaron, pasajeros sin plumas,
y dejaron huellas rapidísimas.
Se encantaron en las cavernas sombreadas
y dejaron que las manos cubrieran músculos
como hojas de bambú.
Anticipando el amor
se aprestaban a conjugar el verbo,
todo intacto.

Cuando abrazados en calma, amaneció,
y durmieron como un haz de campanadas.

Sheaf of Bells

They saw light form bodies in the water
and called them fish.
They swam, featherless passengers,
and left quick footprints.
They delighted in the shady caves
and let their hands cover muscles
like leaves of bamboo.
Anticipating love
they prepared to conjugate the verb
intact.

Lying in each other's arms at daybreak
they slept like a sheaf of bells.

Tendida como la brisa

Ella
tentó la forma palpitante.
La secreta senda
por donde se entra despacio,
leve la mano.
Tendida como una brisa
se posó en el cuerpo que ella amaba.
Contacto abriendo hondura
en el silencio.
Momento de aliento contenido
desde donde emerge toda entera
como una voz mojada.
Palpando redondeces de miel nueva,
enredando dedos en la espuma
de los vellos,
          sigilosamente,
          reclinada,
toca lo inabarcable.

Un puñado de besos con pie de gaviota
deja huellas transparentes en la arena.

Stretching Forward Like the Breeze

She
felt the throbbing form.
The secret path
to be entered slowly,
delicately.
Stretching forward like a breeze
she lit upon the body she loved
Contact opening depths
in the silence.
A moment of held breath
from which she emerges whole
like a wet voice.
Feeling roundnesses of new honey,
twining fingers in the spume
of his down,
        lingering,
        reclining,
she touches the immensity.

A handful of kisses with seagull's feet
leave transparent tracks in the sand.

Sabor robusto

Deseada como el horizonte
ella lo llama por su nombre.
Y lo repite
respirando su sabor robusto.
Sabe que la boca acaba en un beso
que se espiga sin extinguirse.
Tallo y rocío, alerta,
ebrio de soles,
resbalando sin retorno,
presidiendo espumas de puro clamor.

Hay una cierta premura en el origen del río
aleteando como pájaro de sal.

Vigorous Taste

Desired like the horizon
she calls him by his name.
And repeats it
breathing in his vigorous taste.
She knows the mouth ends in an endlessly
blossoming kiss.
Stem and dew, alert
drunk with sun,
slipping without return,
watching over the froth of clamour.

There's a certain urgency in the river's origin
fluttering like a salt bird.

Abriendo territorios

Acaso sin saber dónde estaba encerrado
el aire de la vida
vagaron por los labios
respirando los límites de besos,
sin tocarlos.
Quizás en la impaciencia por saber
abrieran territorios
donde los cuerpos caerían pensativos.
Percibieron preguntas delineadas
en el movimiento de muslos y caderas.
Ajenos a su desnudez
penetraron las respuestas.

Más tarde, mucho más tarde, reconocieron
el eco exaltado en la carne.

Opening Territories

Perhaps without knowing
where the air of life was kept,
they wandered across lips
breathing the limits of kisses
without touching them.
Perhaps in their impatience to know
they opened territories
where bodies would pensively fall.
They sensed questions defined
in the movement of thighs and hips.
Indifferent to their nakedness
they penetrated answers.

Later, much later, they recognized
the exalted echo of the flesh.

La vida como una ciudad

La vida entera puesta de pie
en el abrazo.
Cuando la tocan, respira como una ciudad.
Juntos en la noche
abren ventanas y avenidas
y corren y se buscan
en esquinas.
Sorprenden dimensiones urgentes
y los movimientos íntimos
brillan como luces de tráfico.
A la enormidad del espacio en los mercados
la transitan con apetito infatigable.
Dibujan parques y sientan a las confidencias
en bancos rezumantes de conversaciones.
Se apresuran a anclar donde el silencio tiembla
y llenan la ciudad de puertos.

Los ruidos llegaban, como por un pasillo,
con pasos callejeros llevando altos parasoles.

Life Like a City

Life standing
in their embrace.
When they touch it, it breathes like a city.
Together in the night
they open windows and avenues
and run and search for each other
on corners.
They surprise urgent dimensions
and intimate movements
shine like the lights of traffic.
They walk through the enormity of markets
with untiring appetite.
They draw parks and sit their secrets down
on benches infused with conversations.
They hurry to anchor where silence trembles
and fill the city with ports.

Noises reached them, as if down a corridor,
on rambling footsteps, carrying tall parasols.

Los vientos húmedos del sur

Transparencia de distancia
del uno sobre el otro.
Las piernas abrazando la cintura
de su cuerpo que tiembla hacia la altura.
Los pezones
erguidos como notas de violín.
Todo aún en la misma orilla
como fondo del mar.
Presión que convoca
la forma de una piel que los embriaga.

Bañados por los vientos húmedos
se entreabren en las espumantes noches.

Humid Winds of the South

Transparency of distance
of the one over the other.
Legs embracing his body
as it trembles toward the heights.
Her nipples
erect as the notes of a violin.
Everything still on the same shore
like the bottom of the sea.
Pressure that summons
the form of an intoxicating skin

Bathed by humid winds
they open to each other in the sparkling night.

Musgos lentos

Al mirarse
unen perfume a la carne
y recorren la cercanía de las palabras.
Un lenguaje que no abarca
la finura del gesto
o la caricia transparente,
apenas una garganta donde el deseo amanece.
Al escucharse
aguardando labios
en los musgos lentos
navegan los cuerpos deshaciendo abrazos.

Se descubren insaciables
y componen fraseos de tactos minuciosos.

Slow Mosses

When they look at each other
they unite perfume with flesh
and travel through the nearness of words.
A language that doesn't encompass
the refinement of gesture
or transparent caress,
scarcely more than a throat of awakening desire.
When they listen to one another
waiting for lips
on the slow mosses
they navigate their bodies unloosing embraces.

They discover each other insatiably
and compose phrasings of minute touches.

La hora intacta

En el parque, en tardes que corrían
hacia el sol del verano,
miraban el perfil de los juncos.
Días abiertos, recién creados
por ese amor que descubrían,
sin historia todavía
precisamente viviendo
el instante entre las olas.
Algunos días tenían tardes
de mejillas aún ruborizadas
porque habían visto veloces manos como alas.
La hora intacta.
Y volver a repetirla en otros días sin edad.

El tiempo, mar en reposo,
desembocando en el cauce hacia su vientre.

The Hour Intact

In the park, in afternoons that ran
toward the summer sun,
they watched the silhouette of reeds.
Open days, recently created
by this love they discovered,
still without history
living precisely
this instant among the waves.
Some days had afternoons
of still-rosy cheeks
for having seen hands swift as wings.
The hour intact.
And repeated again on other ageless days.

Time, a sea in repose,
overflowing its bed toward her womb.

Mañanas con puertos

En las mañanas que tenían puertos
olían el café como un hilo de seda.
Trabajaban mucho,
armoniosamente absorbidos
y desenvolvían la vida
hasta hacerla cotidiana.
Se amaban en las cosas pequeñas
que fluían hasta crecer en mareas.
No los pertubaban las orillas
que invocaban corrientes en cascadas.
La felicidad
simplemente
era   la risa
oro viejo diligentemente pulido.

La redondez del tiempo detenido
rodó sin prisa justamente al mediodía.

Mornings with Ports

In the mornings that had ports
they would smell the coffee like a thread of silk.
They worked a lot,
harmoniously absorbed,
and disentangled life
till it became everyday.
They loved each other in the small things
that flowed and grew to tides.
They weren't disturbed by the shores
that invoked cascading currents.
Happiness
simply
was   laughter
old gold diligently polished.

The roundness of suspended time
rolled on unhurriedly exactly at noon.

Rayos de luna como arpa

Hacían recuerdos de todas las horas.
Recorrían con pies ligeros
los rayos de luna estirados en harpa.
Quehacer ávido creando melodías
hasta encontrar notas redondeadas.
Buscaban tesoros en la hierba
revelando, con el tacto en la penumbra,
resbaladizas formas.
Recogieron besos
en el ámbar nocturno
y los colgaron como collares
en sus pechos.
Cada movimiento de cintura,
cada página dada vuelta,
cada vigor sediento,
una instantánea
esculpiendo memorias con semillas.
Dichosos dibujaban planetas
en la oscuridad del cuarto.
La estrella recortada en la ventana
crecía tangible como un continente.

Inscribieron significados en cada gesto
y tornaron besos con esplendor de venas.

Rays of Moonlight Like a Harp

They made memories of every hour,
travelling with light feet
over rays of moonlight stretched like a harp.
An avid task that created melodies
until they found the rounded notes.
They looked for treasures in the grass
revealing, with their touch in the shadows,
slippery forms.
They gathered kisses
in the nocturnal amber
and hung them like necklaces
upon their chests.
Every movement of the waist,
every page turned,
every thirsting vigour,
a snapshot
sculpting memories with seeds.
Happily they drew planets
in the darkness of the room.
The star outlined in the window
grew tangible as a continent.

They inscribed meaning in every gesture
and transformed kisses with the splendour of veins.

Yo, nosotros

Pronto apareció un modo de decir
yo, que era un *nosotros*.
El cuerpo era voz
y la palabra creció
hasta enmudecer el sonido del silencio.
Ansiedad de vida,
de abarcar todos los minutos
alineados de aquí a la eternidad
los poseía
como un sol recién nacido.
Aun en los días en que estaban solos
la impaciencia proyectaba la presencia
como un vapor.
Se amaban cuando abrían las horas
y las traían llenas de recuerdos
hasta que transformaban toda soledad
en un encuentro.

Y entonces sí, tendidos de la mano,
reposaban en la precisa palabra del relámpago.

I, We

Soon there appeared a way of saying
I that was an *us*.
The body was voice
and the word grew
until it hushed the sound of silence.
An anxiousness to live,
to take in all the minutes
lined up from here to eternity
possessed them
like a newborn sun.
Even the days they were alone
impatience projected presence
like a vapour.
They loved each other when they opened the hours
and brought them back filled with memories
till they had transformed every solitude
into an encounter.

And it was then, holding hands,
they would repose precisely in the word of lightning.

...desplegando las horas como historia...
Instantes de dolor

...unfolding the hours like a story...

Moments of Pain

Anticipación

Si todos los momentos son fugaces
¿cómo permanece el tiempo enredado en la sonrisa?
¿Cómo las voces
encuentran su destino en las horas que persisten?
¿Cómo este *ahora* puede ser tan antiguo
y tan reconociblemente nuevo?
Una preciosidad de ráfaga transcurre
recorriendo los cuerpos absorbidos.

Hay una incorporación invisible
plantada con un lento crecer,
un fuego fatuo embebido de sombras.

Ella todavía no sabe que el dolor acecha,
y que la vida puede ser un súbito silencio.

Anticipation

If every moment is fleeting,
how does time stay entwined in a smile?
How do voices
find their destiny in the relentless hours?
How can this *now* be so old
and so recognizably new?
A flashing beauty passes by
travelling over absorbed bodies.

There is an invisible intrusion
planted with a slow growing,
a will-o'-the-wisp soaked in shadows.

She still doesn't know pain is stalking her,
and life can be a sudden silence.

Como paloma

Pendiente de unos labios
llenos de noticias
siente que la vida se arroja a su pecho
y en trazo rápido la corta en dos.
Hecho inmovilizado
desplazando vuelos en el espacio inmediato.
Otras mujeres, como ella
un día, una hora, el instante crucial
sabiendo que la voracidad se ha concentrado
en el seno que late con sorpresa de niña.
Y crucial es dar el paso hacia adelante
retomar un camino que parecía previsible
iniciar la indagación de un futuro
como si existiera por primera vez.

Ella retorna a un instante de sombra
y acaricia su pecho hasta aquietarlo.

Like a Dove

Hanging from lips
full of news
she feels life throw itself at her chest
slicing it in two with one quick blow.
Immobilized force
displacing flight in immediate space.
Other women, like her,
a day, an hour, a crucial instant
knowing that the voracity has concentrated
on her breast, which throbs with a girl's surprise.
And it is crucial to step forward
to get back to that road that seemed foreseeable
to begin to question the future
as if it existed for the first time.

She returns to a moment of shadow
and caresses her breast till it becomes quiet.

Solos, ella y él

Ella no sabe qué pensar.
Cuando el espacio es como un bulto
tan pesado
como una puerta
¿qué se piensa?
¿Cómo la luz de pronto es un cuchillo
y la voz un hielo que lacera?
Desprevenidos,
todavía temblando
                    ella y él   solos
                    solos   él y ella

¡Pronto, pronto, que se borre el día
que la vida retome su vara de azucena!

Alone, She and He

She doesn't know what to think.
When space is like a lump
as heavy
as a door,
what can she think?
Of how light has suddenly become a knife
and voice, lacerating ice?
Off guard,
still trembling

                she and he   alone
                alone   he and she

Quickly, quickly, erase the day
and give life back its lily wand!

Días marchitos

Les duele la proximidad de la verdad.
Todo se hace pura existencia
todo transcurre, un soplo,
el siempre quebrantado.
Lo único, este amor que resbala,
que crece aún más en el estupor
hasta colmar la inmensidad de la idea.
Temerosos de quebrarse,
de quedarse solos.
Viento que penetra
amenazando olvido.
Las bocas quietas, las manos al borde
de todo movimiento.

Los cuerpos inclinados como días marchitos,
abrazados, negando el tiempo sin memoria.

Wilted Days

The closeness of truth hurts them.
Everything becomes pure existence,
everything goes by, a breath,
all that was, forever broken.
All that's left is this multiform love
growing greater in astonishment
until it fills the immensity of the idea.
Fearful of breaking apart,
of being left alone.
Wind that penetrates
threatening oblivion.
Their mouths quiet, their hands at the border
of all movement.

The leaning bodies like wilted days,
embracing, denying time without memory.

En las caricias

Se encontraron en noches
que parecían las mismas.
Se besaron defendiendo el aquel entonces
e hicieron del *ahora* un *todavía*.
Decían palabras que tenían manos
y caminaban sin titubeos por el cuerpo
abriendo ventanas y avenidas.
Derramaban besos hundiéndose en gemidos
y saciaban de esplendor
los cercanos días que vendrían.
Un festejo de sabores,
una dureza tumultuosamente cálida
traspasando como un azúcar caliente.

Como recién salida de una hora lenta
la incertidumbre titubeaba en los límites de la caricia.

In Caresses

They met in nights
that seemed the same.
They kissed defending the past
and transformed *now* into *still.*
They spoke words with hands
that walked without hesitation across their bodies
opening windows and avenues.
They poured out kisses sinking into moans
and satiated the days to come
with splendour.
A celebration of tastes,
a hardness tumultuously warm
piercing as hot sugar.

Uncertainty hesitated at the limits of caress
as if just emerging from slow-moving time.

La gota de ceniza

Suspendida,
no exactamente en la quietud tan grave,
en un siempre   jamás
en las arrugas florecidas
en la sombra dudosa de los días por venir.
Tiempo quemándose en una gota de ceniza.
Suspendida en un querer, en un desear,
pensó qué poco se sabe de la vida
de la duración del aliento,
del mientras congregante,
de ese fluir de líneas y de años
y de pronto   jamás
las vividas hebras quebrándose de a poco.

Miró por la ventana y vio la hoja.
Presintió los grillos sin entender la sombra.

A Drop of Ash

Suspended,
not exactly in a stillness so serious,
in an always   never
in wrinkles flowering
in the doubtful shadow of the days to come.
Time burning out to a drop of ash.
Suspended in loving, in desiring,
she thought how little we know of life,
of the duration of breath,
of the while we are together,
of this flow of lines and years
and suddenly   it was never again,
these threads of life snapping one by one.

She looked out the window and saw the leaf,
sensed the crickets without perceiving the shadow.

El cuerpo amado

Beloved Body

El desafío

Miró y no dijo nada.
Abrió la boca y la sintió vacante.
Miró a su alrededor y no pudo decir nada.
No tenía el lenguaje del dolor
ni la palabra justa del vacío.
Dejó pasar el tiempo como por un teclado.
Vagó en una geometría abrasada por el caos.
Y en alguna parte, no se sabe dónde,
el desafío la hizo carne
herida aguda con filo de marcha.
Se asomó a su propio cuerpo
y lo miró de frente.
No oyó sus pasos volviendo del silencio.
Cruzó las calles que habían hecho
quebrantando los bordes que apagaban
el rumor de helechos sacudidos.
Reclamó una eternidad tan larga
como un río que subiera la montaña.
Corrió hacia las esquinas
con temblor de resurrección en la garganta.
Dijo su nombre y un, *te amo*,
empapado de un cuerpo sin olvido.

No entendía la premura de la vida,
y abrazaba tenazmente la voluntad de vivir.

The Challenge

She looked and didn't say anything.
She opened her mouth and felt it empty.
She looked around her and couldn't say a thing.
She had neither the language of pain
nor the right word of emptiness.
She let time pass as if on a keyboard,
wandering through a geometry scorched by chaos.
Someplace, who knows where,
the challenge made her flesh
a sharp wound with an onward blade.
She peered out of her body
and looked at it head-on.
She didn't hear her footsteps returning in silence.
She crossed the streets they had made
breaking down the edges that muffled
the murmur of shaken ferns.
She demanded an eternity as long
as a river that flowed up a mountain.
She ran toward the corners
with a trembling of resurrection in her throat.
She said his name and an *I love you*,
drenched in a body that didn't forget.

She didn't understand the urgency of life,
and tenaciously embraced the will to live.

El cuarto de hospital

Su rostro tiene la agitación de la blancura.
Las manos encuentran
el calor del que siempre espera.
Torna la cabeza moviendo una brisa material.
El mundo ha dejado de ser redondo,
se ha convertido en una ventana.
Sólo un vidrio
entre un otoño lujurioso
y el amor que celebra la existencia
en el instante más fugaz del destello.
Ella reconoce la mano
que ondea en caricia
por los párpados cansados.
Es frágil la sonrisa en medio del dolor
tirante, abarcador.
Sabe de un cuerpo que corre
dentro de sí misma.
Es como si el alma tuviera pies ansiosos
siguiendo una meta intransferible.
Caminan de la mano por una playa de azul nuevo
enlazados, componiendo brillos
en la cresta del instante.

¡Qué extrañas las huellas
derrumbándose en los bordes!

The Hospital Room

Her face has the agitation of whiteness.
Her hands find
the warmth of one who is always waiting.
She turns her head, moving a material breeze.
The world has ceased to be round,
it has changed into a window.
Only one pane of glass
between the luxurious autumn
and the love that celebrates existence
in its most fleeting glimmer.
She recognizes the hand
that ripples its caress
across her tired eyelids.
Her smile is fragile in the midst of taut,
encompassing pain.
She knows of a body running
within herself.
It's as if her soul had anxious feet
following an untransferable goal.
They walk hand in hand along a fresh blue beach,
linked together, forming sparkling points of light
on the crest of the instant.

How strange these footprints
with the crumbling edges!

Soles de papel

Porque ella está triste
él tiende su amor sobre el cuerpo que ama
rozándolo
como el musgo apretado a la roca.
Hay días en que infla la luna para que no desaparezca
y otros en que fabrica soles de papel.

Le cuenta noches que parecen historias
y la ayuda a caminar por la ciudad que hicieron.

El amor definitivo como línea de horizonte
confronta el hacer del tiempo y lo retrasa.

Paper Suns

Because she is sad
he spreads his love over the body he loves
brushing against it
like moss upon a rock.
There are days when he fills the moon
so it will not disappear,
and others when he makes paper suns.

He tells her of nights that seem like stories
and helps her walk through the city they made.

Love as definitive as the line of the horizon
confronts the making of time and winds it back.

No la dejaba estar triste

Se sentía mínima.
La luz asfixiada en un extenso esperar.
Hurtando señales de esperanza.
Pie sin huellas borrando caminos.
Lucidez de un tiempo en peligro.
Y él arrebatando los gemidos
hacía trenzas resonantes de tremenda soledad.
No la dejaba estar triste.
Quería desnacer el tiempo
volverlo al útero
y hacerlo una dimensión desconocida.
Era como un viento pertinaz
propagándose en fuegos agolpados.
Y otras veces ella sentía que crecía
en este amor que renacía horas.

Él la amaba como un árbol sin edad
adelantando los brazos en serena vigilia.

He Did Not Let Her Be Sad

She felt shrunken.
Light asphyxiated in an extended waiting.
Stealing away signs of hope.
Trackless feet effacing paths.
Lucidity of a time in danger.
And he, to take away her pain,
braided her cries of enormous solitude.
He did not let her be sad.
He wanted to make time unborn
to return it to the uterus
and change it into an unknown dimension.
He was like a persistent wind
spreading in crowded fires.
And other times she felt she was growing
in this love in which time was born again.

He loved her like an ageless tree
stretching out its arms in serene vigilance.

Amapolas

Amó la cercanía de amapolas
porque le traían un batir de perfumes
enlazando un cuerpo dolorido
a otro que vagaba, desparramando sueños.
Le gustaba despertarse al otro lado
donde había vida tendida
recién lavada
como ropa secándose al sol.
Le gustaba la luz que parecía niebla
y las voces que apenas le llegaban
ataviadas de plumas terriblemente pesadas.
Era un borde solemne
grave
hermético.
Ella se descolgaba
deliberadamente somnolienta
hasta el remanso de presentida compañía.

El respirar rumoroso baja por una escalera
y él apoya su mano casi como una hoguera.

Poppies

She loved the closeness of poppies
because they brought a pulsing of perfumes
binding a pain-filled body
to another that wandered, scattering dreams.
She liked to wake up on the other side
where life was stretched out
just washed
like clothes drying in the sun.
She liked the light that seemed like fog
and the barely audible voices
dressed in feathers yet of terrible weight.
It was a solemn edge,
grave,
hermetic.
She lowered herself down
deliberately drowsy
to the pool of intuited company.

The murmurous breathing descends the staircase,
he rests his hand, almost like a bonfire.

Luz paralizada

Ella no sabe que él es un eco.
Quería ser el grito y lo pulsaba
como si el centro mismo fuera cuerda.
El quería transformarse,
volverse un cuerpo en cólera,
un clamor arrancando
pedazos a la vida.
Quería ser una flecha y dispararse
a una luz paralizada
en la que ella no sufriera.
¿Qué vigilia prolongaba el vacío,
qué agudos amarillos reclamaban a la amada?
Quería ser un lomo desatado al galope
y rayar el cielo con los ojos,
sacarse la propia piel
para cubrir el cuerpo enfebrecido.
Deseaba con pasión abrir sus venas
hacer de su pecho un universo
y darle sangre nueva, sin ruido, apaciguada.

Se volvió hacia ella y le tomó las manos.
Ella le dio vida, sin saber, al pronunciar su nombre.

Paralyzed Light

She doesn't know he is an echo.
He wanted to be the scream and touched it
as if the centre itself were a cord.
He wanted to transform himself,
become a body of rage,
an outcry tearing
pieces from life.
He wanted to be an arrow
shot at a paralyzed light
in which she wouldn't suffer.
What vigil prolonged the emptiness,
what sharp yellows called out for his beloved?
He wanted to be an unbridled galloping,
blot out the sky with his eyes,
peel off his own skin
to cover her feverish body.
He wanted with passion to open his veins
make his chest a universe
and give her new blood, noiseless and calm.

He turned to her and took her hands.
She gave him life, unknowingly, as she said his name.

Otros días con sonrisas

La tristeza es como un ala desatada
desparramando minúsculos segundos
acumulados en ríos que no desembocan.
Él la ha dejado sólo por un momento
ha ido a la calle
a respirar otros días con sonrisas.
Ha besado la brisa
que la sabe llena de cielo enrojecido.
Acaso sin saber
da vuelta la esquina, recorre avenidas
acaricia las paredes de una ciudad casi lejana.
La busca en las ventanas con luces apagadas.
La sospecha en cada límite de sombra
la acerca al beber el agua de la fuente.
Los labios fríos le retornan
el calor empapado de su ausencia.
Un ocaso que no se extingue en la noche vecina
lo acompaña como un grito descarnado,
puro hueso elemental.
Las raíces se debaten en su llanto
y ansía la misma sombra que la abate.

Sólo el pulsar de la lluvia, sobre la ciudad,
apoya su cuerpo y lo refresca.

Other Days with Smiles

Sadness is like an untied wing
scattering minuscule seconds
accumulated in rivers that have no mouth.
He has left her for a moment
has gone out to the street
to breathe other days with smiles.
He has kissed the breeze
that he knows is full of red skies.
Virtually without knowing
he goes around the corner, walks along avenues,
strokes the walls of an almost distant city.
He searches for her in darkened windows,
sees her in every edge of shadow,
feels her closeness
when he drinks water from the fountain.
His cool lips restore
the drenched warmth of her absence.
A sunset unfading into neighbouring night
accompanies him like a gaunt cry,
pure elemental bone.
The roots writhe in his lament
and he longs to be cut down by the same shadow.

Only the pulsing of rain over the city
supports and refreshes his body.

La piel que desviste

Cuánto dolor en la espera
pendular
entre la piedra y el agua.
Ha venido a dar justo
en la gota de un sueño que no quiere ver.
Ha cerrado la distancia
como una ventana
y las persianas han cruzado los brazos.
La revelación de un silencio
lleno de ahogadas campanas.
El se ha pintado a la tarde
con un pincel desbordado
y finalmente
transparente
se echa sin raíces en el mañana inexpresable.
Se hace noche en la ciudad
y todas las hojas se sumergen en las ramas.

Nadie sabe cómo el amor persiste
cómo hay una piel que nos desviste.

The Skin That Undresses

How much pain in the waiting
pendular
between rock and water.
He has given just enough
in the drop of a dream he doesn't want to see.
He has closed the distance
like a window
and the shutters have crossed their arms.
The revelation of a silence
full of drowned bells.
He has painted himself in the afternoon
with an overflowing brush
and finally
transparent
throws himself rootless into the inexpressible future.
Night falls on the city
and all the leaves submerge on branches.

No one knows how love persists
how there can be a skin that undresses us.

Pulido ámbar

Ella vuelve de esos días de hospital
casi pulido ámbar.
La desasosiega la vida cotidiana.
Cómo retornar a algo tan distinto
como espuma al borde de una ola
que ya se ha deshecho en el vaivén.
Las voces se agolpan
aceradas en preguntas.
Rechaza los espejos
ignora los ojos que la paran en los ojos
para que no llueva la mirada
en el hueco.
Mira el perfil, camino sin álamos.

Con una verdad recuperada,
modeló su gemido en un asombro exacto
y como a un ave extraña lo soltó sin lástima.

Polished Amber

She returns from those days in the hospital
almost polished amber.
Daily life makes her uneasy.
How can she return to something so different
like foam on the crest of a wave
already dissolved with the swaying.
Voices crowd together
sharp with questions.
She refuses mirrors
ignores the eyes that hold her own eyes
so that gazes will not rain down
on the hollow.
She looks at her profile, a road without poplars.

With a truth recovered,
she sculpted her wail into precise amazement
and let it fly, like a strange bird, without pity.

El rumor del cristal

Su cuerpo es tan liso que parece un espejo
la ausencia es sólo una larga cicatriz.
Las manos, lamiendo la piel
de arriba a abajo,
de abajo a arriba,
cubren el pensamiento
con monotonía.
Los días vividos la rodean
como un bosque que durmiera al mediodía.
Recuerda la presencia
que hoy habita la ausencia
como un ojo abierto.
Los párpados con fondos enormes
rozan presagios sin pestañas.
De pronto su cuerpo tiene un mar adentro
y escala hasta la orilla.
Respirar es una mano
que enturbia
la limpidez de la ventana.

El rumor del cristal es tan leve
como un cuarto vacío.

The Murmur of the Glass

Her body is so smooth that it's like a mirror,
absence is only a long scar.
Her hands, licking her skin
from bottom to top,
top to bottom,
cover the thought
monotonously.
The lived-through days surround her
like a sleeping forest at noon.
She remembers the presence
like an open eye
that the absence now inhabits.
Its lids cover an enormous depths,
close over omens without lashes.
Suddenly her body has a sea within it
and she climbs out onto the shore.
Breathing is a hand
that clouds
the cleanness of the window.

The murmur of the glass is as light
as an empty room.

La infatigable realidad

El nuevo sentido
de un cuerpo carente
                    de simetría
embriagado por la verdad que aterra
desciende lento
al fruto que delata el fuego.
Ella atisba la incesante realidad,
lo revertido en el origen.
En tardes vagabundas se había visto
reflejada en los espejos
que ardían quemando sombras
en los ojos obstinadamente cerrados.
En esa imagen al borde indeciso de la luz
construía su vida
como un espíritu encarnado
humeando deseos en la exacta furia del vacío.

El espacio se abría a bocanadas
disolviendo la obstinación mineral de los días.

Untiring Reality

The new feeling
of a body lacking
                              symmetry
drunk with the truth that terrifies
slowly descends
to the fruit the fire betrays.
She peered out at unceasing reality,
at what has reverted to its origin.
In wandering afternoons she had seen herself
reflected in mirrors
that blaze consuming shadows
in eyes so obstinately closed.
Upon this image at the hesitant edge of light
she built her life
like an incarnate spirit
exhaling desires in the exact fury of the void.

Space opened in mouthfuls
dissolving the mineral obstinacy of days.

Ella se habita

Ella habitaba su cuerpo
tratando de encontrarse.
Era difícil entender que sin estar toda entera
palpitaba la misma que ella conocía.
La ausencia, como una aromática presencia,
pies desnudos sobre el musgo,
silencio de agua sin cintura,
dejándole la forma de un grito arrebatado.
Su recuerdo dibuja el pezón
y la exacta comunicación con el centro.
Hay un vacío largo de silencio mudo.

Recuerda los besos
y el pecho hundido se levanta aunado a la luz.

She Inhabits Herself

She inhabited her body,
trying to rediscover herself.
It was difficult to understand
that the same person she had always known
still pulsated, without being whole.
Absence, like an aromatic presence,
barefoot on moss,
the silence of water without a waist,
leaving her the form of a torn cry.
Her memory draws the nipple
and the exact communication with the centre.
There is a long emptiness of mute silence.

She remembers the kisses
and her sunken breast rises united with the light.

Epílogo

Epilogue

Camino a la vida

Vivo la vida
como si hubiera nacido
en la mitad de la vida.
Miro mi cuerpo y admiro
su valor.
Me habito con orgullo.
Adopto la ausencia de mi pecho
y lo amo como a un huérfano.
Su existencia quema sin arder.
Al apoyar la mano
algo se agita
un desorden, un revuelo de ansiedades,
y claramente mi nombre.

I Walk Toward Life

I live life
as if I'd been born
halfway through it.
I look at my body and admire
its courage.
I inhabit myself with pride.
I adopt the absence of my breast
and love it as I would an orphan.
Its existence burns without stinging.
When I touch it with my hand
something stirs —
a disorder, a flutter of anxieties,
and clearly my name.

La vida tiene alas

Hoy espero tu primera mirada.
¿Gota de cera sellando nuestros días?
Contemplo tu proximidad
en los escalones de la calle.
Abro la ventana cuando tú apareces
y descorro las cortinas:
no quiero que el velo pasajero
me desfigure con su delgadez.
Me quito el vestido dejando que la luz
ponga más caminos en mi piel.
Sé que soy todas y una
cuando se espera
la primera mirada.
Te hallo a mi lado
cuando abres los ojos
como una historia conocida.

Deseo tu cuerpo contra el mío
digo
y la vida tiene alas.

Life Has Wings

Today I await your first look.
A drop of wax sealing our days?
I contemplate your nearness
on the steps of the street.
I open the window when you appear
and draw back the curtains:
I do not want the fleeting veil
to disfigure me with its delicacy.
I take off my dress letting the light
trace more paths upon my skin.
I know I am all women and one
as I await
your first look.
I find you at my side
when you open your eyes
like a story we've always shared.

I want your body against mine
I say
and life has wings.

Sobre la autora

Fotografía de/Photo by Federico Hidalgo

Nela Rio. Poeta, escritora, artista e investigadora. Nacida en Argentina, es ciudadana canadiense desde 1977. Tiene cuatro poemarios publicados: *En las noches que desvisten otras noches* (Editorial Orígenes, Madrid, 1989 — recomendada su publicación por el jurado del Premio Internacional de Poesía "José Luis Gallego, 1987"); *Aquella luz, la que estremece* (Ediciones Torremozas, Madrid, 1989 — Finalista "Premio de Poesía Carmen Conde, 1991"); *Túnel de proa verde/ Tunnel of the Green Prow* (traductor Hugh Hazelton) Broken Jaw Press, Canadá, 1998, y el libro de artista *Los espejos hacen preguntas/ The Mirrors Ask Questions* (traductora Elizabeth Gamble Miller) Gold Leaf Press, Canadá, 1999.

Finalista en once concursos internacionales, sus cuentos y poesía han sido publicados en antologías y revistas de España, Argentina, Chile, Uruguay, México, Puerto Rico, Canadá, Polonia y los EE.UU. Algunos de sus cuentos y poemarios son usados en cursos universitarios de EE.UU. y Canadá. Parte de su obra ha sido traducida al inglés y al francés. Es activa en organizaciones de escritores de Canadá,

España, los Estados Unidos, Argentina y Chile. El texto del presente poemario salió finalista en el Concurso Internacional Emma Egea, 1996.

En sus poemarios y cuentos las mujeres ocupan papeles protágonicos. La solidaridad entre ellas se manifiesta claramente en los espacios donde sufren la violencia, ya sea en el mundo público de la represión política, de la marginalización cultural, de los estereotipos de género y edad, o la violencia en el mundo privado del abuso doméstico. En otras situaciones Rio destaca en la relación de pareja la pasión y el goce, la ternura y la comprensión, espacio íntimo en el que tanto la mujer como el hombre son simultáneamente sujeto y objeto del amor.

Rio enseña literatura hispanoamericana en St. Thomas University, Fredericton, Canadá.

About the Author

Nela Rio is a poet, writer, artist, and literary critic who grew up in Argentina and became a Canadian citizen in 1977. She has published four books of poems: *En las noches que desvisten otras noches* (Orígenes, Madrid, 1989), recommended for publication by the jury of the José Luis Gallego international poetry prize in 1987; *Aquella luz, la que estremece* (Torremozas, Madrid, 1989), runner-up for the Carmen Conde poetry prize in 1991; *Túnel de proa verde/Tunnel of the Green Prow*, translated by Hugh Hazelton (Broken Jaw, Fredericton, 1998); and the artist's book *Los espejos hacen preguntas/The Mirrors Ask Questions*, translated by Elizabeth Gamble Miller (Gold Leaf Press, Fredericton, 1999).

Rio's poems and short stories have appeared in anthologies and literary reviews in Spain, Argentina, Chile, Uruguay, Mexico, Puerto Rico, Poland, Canada, and the United States. Several of her works have also been used in university courses in the United States and Canada, and many have been translated into English and French. She is active in writers' organizations in Canada, Spain, the United States, Argentina, and Chile. The manuscript of *Cuerpo amado* was short-listed for the Emma Egea international literary award in 1996.

Women are the central figures in Rio's work, and the solidarity among them is clearly evident in the situations in which they suffer from violence, whether in the public world of political repression, cultural marginalization, and stereotyping due to gender and age, or in the private world of domestic abuse. In other settings, Rio concentrates on the couple and the enjoyment and passion, tenderness and understanding found in the intimate space of a relationship, in which both the woman and the man become the subject and object of love.

Rio teaches Spanish American literature at St. Thomas University in Fredericton, New Brunswick, Canada.

Sobre el traductor / About the Translator

Hugh Hazelton es poeta y traductor especializado en la obra de escritores latinoamericanos que viven en Canadá. Coeditó, con Gary Geddes, y fue traductor principal de *Compañeros: An Anthology of Writings About Latin America* (Cormorant). Sus otras traducciones incluyen *The Better to See You* (Cormorant), *Jade and Iron: Latin American Tales from Two Cultures* (Douglas & MacIntyre), *Headstrong All the Way Round* (Graff) y *Túnel de proa verde/Tunnel of the Green Prow* (Broken Jaw), de Nela Rio. Enseña traducción y civilización latinoamericana en la Universidad Concordia de Montreal. Su poemario y CD, *Antimatter*, está en preparación con Broken Jaw Press.

Hugh Hazelton is a poet and translator who specializes in the work of Latin American writers living in Canada. He co-edited, with Gary Geddes, and was principal translator of *Compañeros: An Anthology of Writings About Latin America* (Cormorant). His other translations include *The Better to See You* (Cormorant), *Jade and Iron: Latin American Tales from Two Cultures* (Douglas & MacIntyre), *Headstrong All the Way Round* (Graff), and Nela Rio's *Túnel de proa verde/Tunnel of the Green Prow* (Broken Jaw). He teaches Spanish translation and Latin American civilization at Concordia University, Montreal. His poetry book and CD, *Antimatter*, is forthcoming with Broken Jaw Press.

Sobre el artista / About the Artist

Ana María Pavela, pintora y grabadora argentina, vive en Montréal, Québec desde 1977. Hizo sus estudios de Bellas Artes en la Universidad de Cuyo, Mendoza, Argentina y en la Universidad del Litoral, Rosario, Argentina, donde también cursó estudios de Cine. Estudió historia del arte en la Universidad de Montréal, Québec, Canadá. Ha realizado numerosas exposiciones individuales y colectivas en Argentina, Chile, Canadá, Francia, Yugoeslavia, España y Estados Unidos. También ha hecho dibujos e ilustraciones de tapa para varios libros publicados en Canadá y el extranjero. Es profesora de bellas artes y cine y coordinadora del departamento de Bellas Artes del Colegio Bois-de-Boulogne en Montréal.

Ana María Pavela is an Argentine painter and engraver who has lived in Montreal since 1977. She studied art at the Universidad de Cuyo, Mendoza, and film at the Universidad del Litoral, Rosario, in her native Argentina and art history at the Université de Montréal. Her work has appeared in a number of solo and group exhibits in Argentina, Chile, Canada, France, Yugoslavia, Spain, and the United States. She has also done cover illustrations and drawings for various books that have been published in Canada and abroad. She teaches art and filmmaking and is coordinator of the department of Fine Arts at the Collège Bois-de-Boulogne in Montreal.

A Selection of Our Titles in Print

A Fredericton Alphabet (John Leroux) photos, architecture 1-896647-77-4 14.95
Avoidance Tactics (Sky Gilbert) drama 1-896647-50-2 15.88
Bathory (Moynan King) drama 1-896647-36-7 14.95
Combustible Light (Matt Santateresa) poetry 0-921411-97-9 12.95
Crossroads Cant (Mary Elizabeth Grace, Mark Seabrook, Shafiq, Ann Shin.
    Joe Blades, editor) poetry 0-921411-48-0 13.95
Cuerpo amado/Beloved Body (Nela Rio;
    Hugh Hazelton, translator) poetry 1-896647-81-2 15.88
Dark Seasons (Georg Trakl; Robin Skelton, trans.) poetry 0-921411-22-7 10.95
Day of the Dog-tooth Violets (Christina Kilbourne) novel 1-896647-44-8 17.76
for a cappuccino on Bloor (kath macLean) poetry 0-921411-74-X 13.95
Great Lakes logia (Joe Blades, ed.) art & writing anthology 1-896647-70-7 16.82
Heart-Beat of Healing (Denise DeMoura) poetry 0-921411-24-3 4.95
Heaven of Small Moments (Allan Cooper) poetry 0-921411-79-0 12.95
Herbarium of Souls (Vladimir Tasic) short fiction 0-921411-72-3 14.95
I Hope It Don't Rain Tonight (Phillip Igloliorti) poetry 0-921411-57-X 11.95
Jive Talk: George Fetherling in Interviews and Documents
    (George Fetherling; editor Joe Blades) 1-896647-54-5 13.95
Manitoba highway map (rob mclennan) poetry 0-921411-89-8 13.95
Notes on drowning (rob mclennan) poetry 0-921411-75-8 13.95
Railway Station (karl wendt) poetry 0-921411-82-0 11.95
Reader Be Thou Also Ready (Robert James) novel 1-896647-26-X 18.69
Rum River (Raymond Fraser) fiction 0-921411-61-8 16.95
Shadowy:Technicians: New Ottawa Poets (ed. rob mclennan)
    poetry 0-921411-71-5 16.95
Song of the Vulgar Starling (Eric Miller) poetry 0-921411-93-6 14.95
Speaking Through Jagged Rock (Connie Fife) poetry 0-921411-99-5 12.95
Starting from Promise (Lorne Dufour) poetry 1-896647-52-9 13.95
Tales for an Urban Sky (Alice Major) poetry 1-896647-11-1 13.95
The Longest Winter (Julie Doiron, Ian Roy) photos, fiction 0-921411-95-2 18.69
These are My Elders (Chad Norman; Heather Spears, ill.) 1-896647-74-X 3.95
The Sweet Smell of Mother's Milk-Wet Bodice
    (Uma Parameswaran) fiction 1-896647-72-3 13.95
Túnel de proa verde / Tunnel of the Green Prow (Nela Rio;
    Hugh Hazelton, translator) poetry 0-921411-80-4 13.95
What Was Always Hers (Uma Parameswaran) fiction 1-896647-12-X 17.95

www.brokenjaw.com hosts our current catalogue, submissions guidelines, manuscript award competitions, booktrade sales representation and distribution information. Broken Jaw Press eBooks of selected titles are available from http://www.PublishingOnline.com. Directly from us, all individual orders must be prepaid. All Canadian orders must add 7% GST/HST (Canada Customs and Revenue Agency Number: 12489 7943 RT0001).

BROKEN JAW PRESS, Box 596 Stn A, Fredericton NB E3B 5A6, Canada